www.ingramcontent.com/pod-product-compliance
Lightning Source LLC
LaVergne TN
LVHW021303080526
838199LV00090B/6000

تفسیر سورۂ حمد

محسن علی نجفی

جمع و ترتیب: اعجاز عبید

© Taemeer Publications LLC
Tafseer Surah Hamd *(Quran Commentary)*
by: Muhsin Ali Najafi
Edition: April '2025
Publisher :
Taemeer Publications LLC (Michigan, USA / Hyderabad, India)

ISBN 978-93-6908-149-3

مصنف یا ناشر کی پیشگی اجازت کے بغیر اس کتاب کا کوئی بھی حصہ کسی بھی شکل میں بشمول ویب سائٹ پر اپ لوڈنگ کے لیے استعمال نہ کیا جائے۔ نیز اس کتاب پر کسی بھی قسم کے تنازع کو نمٹانے کا اختیار صرف حیدرآباد (تلنگانہ) کی عدلیہ کو ہو گا۔

© تعمیر پبلی کیشنز

کتاب	:	تفسیر سورۂ حمد
مصنف	:	محسن علی نجفی
جمع و ترتیب	:	اعجاز عبید
صنف	:	تفسیر قرآن
ناشر	:	تعمیر پبلی کیشنز (حیدرآباد، انڈیا)
سالِ اشاعت	:	۲۰۲۵ء
صفحات	:	۷۲
سرورق ڈیزائن	:	تعمیر ویب ڈیزائن

فہرست

افتتاحیہ	5
مقام نزول	6
تعداد آیات	7
فضیلت	7
آیت	9
سورہ	10
تاریخی حیثیت	12
قرآنی حیثیت	14
بسم اللہ سورہ حمد کی ایک آیت ہے	17
بسم اللہ کا بالجہر (آواز سے) پڑھنا	18
تشریح کلمات	20
بِسْمِ اللهِ	22

الرَّحْمٰنِ الرَّحِيْمِ	23
احادیث	26
اہم نکات	27
الْحَمْدُ لِلّٰهِ رَبِّ الْعَالَمِيْنَ	29
تشریح کلمات	29
تفسیر آیات	31
الْحَمْدُ لِلّٰهِ	31
رَبِّ الْعَالَمِيْنَ	32
اہم نکات	34
(۳) الرَّحْمٰنِ الرَّحِيْمِ	36
تفسیر کلمات	36
اہم نکات	36
4- مَالِكِ يَوْمِ الدِّيْنِ	37
تشریح کلمات	37

تفسیر آیات	37
اہم نکات	39
5- اِیَّاکَ نَعْبُدُ وَاِیَّاکَ نَسْتَعِیْن	40
اہم نکات	50
6- اِھْدِنَا الصِّرَاطَ الْمُسْتَقِیْم	51
تشریح کلمات	51
تفسیر آیات	52
اہم نکات	55
7- صِرَاطَ الَّذِیْنَ اَنْعَمْتَ عَلَیْھِمْ غَیْرِ الْمَغْضُوْبِ عَلَیْھِمْ وَلَا الضَّالِّیْن.	57
تشریح کلمات	57
تفسیر آیات	58
اہم نکات	59
حوالہ جات	61

افتتاحیه

بسم الله الرحمن الرحیم (1)
الْحَمْدُ لله رَبِّ الْعَالَمِينَ (2) الرَّحْمنِ الرَّحِيمِ (3) مَالِكِ يَوْمِ الدِّينِ (4) إِيَّاكَ نَعْبُدُ وإِيَّاكَ نَسْتَعِينُ (5) اهدِنَـا الصِّرَاطَ المُستَقِيمَ (6) صِرَاطَ الَّذِينَ أَنعَمتَ عَلَيهِمْ غَيرِ المَغضُوبِ عَلَيهِمْ وَلاَ الضَّالِّينَ (7)

یہ سورہ قرآن کریم کا افتتاحیہ اور دیباچہ ہے ۔ اہل تحقیق کے نزدیک قرآنی سورتوں کے نام توقیفی ہیں یعنی خود رسول کریم ﷺ نے بحکم خداان کے نام متعین فرمائے ہیں ۔ اس سے یہ بات واضح ہوتی ہے کہ قرآن عہد رسالت مآب ﷺ میں ہی کتابی شکل میں مدون ہو چکا تھا ، جس کا افتتاحیہ سورۂ فاتحہ تھا ۔ چنانچہ حدیث کے مطابق اس سورے کو فَاتِحَۃُ الْکِتَابِ "کتاب کا افتتاحیہ" کہا جاتا ہے ۔

مقام نزول

سورہ حجر میں ارشاد ہوتا ہے :

وَ لَقَدْ اٰتَیْنٰکَ سَبْعًا مِّنَ الْمَثَانِیْ وَ الْقُرْاٰنَ الْعَظِیْمَ ۔ [1]

اور بتحقیق ہم نے آپ کو (باربار) دہرائی جانے والی سات (آیات) اور عظیم قرآن عطا کیا ہے ۔

سبع مثانی سے مراد بالاتفاق سورہ حمد ہے اور اس بات پر بھی تمام مفسرین متفق ہیں کہ سورہ حجر مکی ہے۔ بنابریں سورۂ حمد بھی مکی ہے۔ البتہ بعض کے نزدیک یہ سورہ مدینہ میں نازل ہوا۔

تعداد آیات

تقریباً تمام مفسرین کا اتفاق ہے کہ سورہ حمد سات آیات پر مشتمل ہے لیکن اس بات میں اختلاف ہے کہ بسم اللہ سورہ حمد کا جزو ہے یا نہیں؟ بسم اللہ کو سورے کا جزو سمجھنے والوں کے نزدیک صراط الذین سے آخر تک ایک آیت شمار ہوتی ہے اور جو لوگ اسے جزو نہیں سمجھتے وہ غَيْرِ الْمَغْضُوْبِ عَلَيْهِمْ کو ایک الگ آیت قرار دیتے ہیں۔ مکتب اہل بیت علیہم السلام میں بسم اللہ الرحمن الرحیم سورہ توبہ کے علاوہ تمام سورتوں کا جزو ہے۔

فضیلت

سورۂ فاتحہ کی فضیلت کے لیے یہی بات کافی ہے کہ اللہ تعالیٰ نے اسے پورے قرآن کا ہم پلہ قرار دیا ہے۔

مروی ہے کہ امام حسن عسکری علیہ السلام نے اپنے آباء طاہرین کے ذریعے سے حضرت علی علیہ السلام سے روایت کی ہے کہ آپؑ نے فرمایا:

بِسْمِ اللّٰہِ الرَّحْمٰنِ الرَّحِیْمِ فاتحۃ الکتاب کی آیات میں شامل ہے اور یہ سورہ سات آیات پر مشتمل ہے جو بِسْمِ اللّٰہِ الرَّحْمٰنِ الرَّحِیْمِ سے مکمل ہوتا ہے۔ میں نے رسول خدا صلی اللہ علیہ وآلہ وسلم کو یہ فرماتے سنا ہے:

اِنَّ اللّٰہَ عز و جل قَالَ لِیْ: یَا مُحمد! '' وَ لَقَد آتَیْنَاکَ سَبْعًا مِنَ الْمَثَانِی وَ الْقُرْآنَ الْعَظِیْمَ''فَأَفْرَدَ الْاِمْتِنَانَ عَلَیَّ بِفَاتِحَۃِ الْکِتَابِ وَ جَعَلَھَا بِإِزَاءِ الْقُرْآنِ الْعَظِیْمِ وَ إِنَّفَاتِحَۃَ الْکِتَابِ اَشْرَفُ مَافِیْ کُنُوْزِ الْعَرْشِ[2]

اللہ تعالیٰ نے مجھ سے فرمایا: اے محمد صلی اللہ علیہ وآلہ وسلم! بتحقیق ہم نے آپ کو سبع مثانی اور قرآن عظیم عطا کیا ہے۔ پس اللہ نے مجھے فاتحۃ الکتاب عنایت کرنے کے احسان کا علیحدہ ذکر فرمایا اور اسے قرآن کا ہم پلہ قرار دیا۔ بے شک فاتحۃ الکتاب عرش کے خزانوں کی سب سے انمول چیز ہے۔

آیت

آیت سے مراد ''نشانی'' ہے۔ قرآن مجید کی ہر آیت مضمون اور اسلوب کے لحاظ سے اللہ کی نشانیوں میں سے ایک نشانی ہے۔ اسی لیے اسے آیت کہا گیا ہے۔

آیات کی حد بندی توقیفی ہے، یعنی رسول خدا صلی اللہ علیہ وآلہ وسلم کے فرمان سے ہمیں معلوم ہوتا ہے کہ ایک مکمل آیت کتنے الفاظ اور کن عبارات پر مشتمل ہے۔ چنانچہ حروف مقطعات مثلاً کھیعص ایک آیت ہے، جب کہ اس کے برابر حروف پر مشتمل حم عسق دو آیتیں شمار ہوتی ہیں۔

قرآن مجید کی کل آیات چھ ہزار چھ سو (٦٦٠٠) ہیں [3] قرآن مجید کے کل حروف تین لاکھ تیئس ہزار چھ سو اکہتر (٣٢٣٦٧١) ہیں، جب کہ طبرانی کی روایت کے مطابق حضرت عمر سے مروی ہے: القرآن الف الف حرف یعنی قرآن دس لاکھ (١٠٠٠٠٠٠) حروف پر مشتمل ہے۔ [4] بنا بریں موجودہ قرآن سے چھ لاکھ چھہتر ہزار تین سو انتیس (٦٧٦٣٢٩) حروف غائب ہیں۔

حق تو یہ تھا کہ اس روایت کو خلاف قرآن قرار دے کر رد کر دیا جاتا، مگر علامہ سیوطی فرماتے ہیں:

وَ قَدْ حُمِلَ ذَلِکَ عَلَی مَا نُسِخَ رَسْمُہ مِنَ الْقُرْآنِ ایضاً اِذِ الْمَ وجُودُ الْآنَ لَا یَبْلُغُ ھَذَا الْعَدَدَ۔ [5]

روایت کو اس بات پر محمول کیا گیا ہے کہ یہ حصہ قرآن سے منسوخ الرسم ہو گیا ہے کیونکہ موجودہ قرآن میں اس مقدار کے حروف موجود نہیں ہیں۔

کتنا غیر معقول موقف ہے کہ قرآن کا دو تہائی منسوخ الرسم ہو جائے اور صرف ایک تہائی باقی رہ جائے؟!

سورہ

قرآن جس طرح اپنے اسلوب بیان میں منفرد ہے، اسی طرح اپنی اصطلاحات میں بھی منفرد ہے۔ قرآن جس ماحول میں نازل ہوا تھا، اس میں دیوان، قصیدہ، بیت اور قافیے جیسی اصطلاحات عام تھیں، لیکن قرآن ایک ہمہ گیر انقلابی دستور ہونے کے ناطے اپنی خصوصی اصطلاحات کا حامل ہے۔ قرآنی ابواب کو ''سورہ'' کا نام دیا گیا، جس کا معنی ہے ''بلند منزلت''، کیونکہ ہر قرآنی باب نہایت بلند پایہ مضامین پر مشتمل ہے۔

سورہ کا ایک اور معنی فصیل شہر ہے۔ گویا قرآنی مضامین، ہر قسم کے تحریفی خطرات سے محفوظ ایک شہر پناہ کے احاطے میں ہیں۔

١ بِسْمِ اللهِ الرَّحْمٰنِ الرَّحِیْمْ

بنام خدائے رحمن و رحیم

تاریخی حیثیت

ایسا معلوم ہوتا ہے کہ اللہ کے مبارک نام سے ہر کام کا آغاز و افتتاح الٰہی سنت اور آداب خداوندی میں شامل رہا ہے۔ حضرت آدم علیہ السلام کو سب سے پہلے علم الاسماء سے نوازا گیا۔ حدیث کے مطابق اللہ کی ذات پر دلالت کرنے والے تکوینی اسماء یہی انبیاء و اوصیاء علیہم السلام ہیں۔

حضرت نوحؑ نے کشتی میں سوار ہوتے وقت فرمایا : بِسْمِ اللهِ مَجْرٖىهَا وَ مُرْسٰهَا [6] حضرت سلیمان (ع) نے ملکہ سبا کے نام اپنے خط کی ابتدا بسم اللہ سے کی : اِنَّهٗ مِنْ سُلَيْمٰنَ وَ اِنَّهٗ بِسْمِ اللهِ الرَّحْمٰنِ الرَّحِیْمِ [7] حضرت خاتم الانبیاء ﷺ پر جب پہلی

بار وحی نازل ہوئی تو اسم خدا سے آغاز کرنے کا حکم ہوا : اِقْرَأْ بِاسْمِ رَبِّکَ الَّذِیْ خَلَقَ۔ -[8]

یہ الٰہی اصول ہر قوم اور ہر امت میں رائج ہے :
وَ لِکُلِّ اُمَّۃٍ جَعَلْنَا مَنْسَکًا لِّیَذْکُرُوا اسْمَ اللہِ عَلٰی مَا رَزَقَہُمْ مِّنْ بَہِیْمَۃِ الْاَنْعَامِ [9].

اور ہر امت کے لیے ہم نے قربانی کا ایک دستور مقرر کیا ہے تاکہ وہ ان جانوروں پر اللہ کا نام لیں جو اس نے انہیں عطا کیے ہیں۔
وَ لِلہِ الْاَسْمَآءُ الْحُسْنٰی فَادْعُوْہُ بِہَا۔ [10]

اور زیبا ترین نام اللہ ہی کے لیے ہیں پس تم اسے انہی (اسمائے حسنیٰ) سے پکارو۔
وَ اذْکُرِ اسْمَ رَبِّکَ بُکْرَۃً وَّ اَصِیْلًا۔ [11]

اور صبح و شام اپنے رب کے نام کا ذکر کیا کریں۔

قرآنی حیثیت

اس بات پر ائمہ اہل بیت علیہم السلام کا اجماع ہے کہ جزو سورہ ہے۔ مکہ اور کوفہ کے فقہاء اور امام شافعی کا نظریہ بھی یہی ہے۔ عہد رسالت میں بتواتر ہر سورہ کے ساتھ بسم اللہ کی تلاوت ہوتی رہی اور سب مسلمانوں کی سیرت یہ رہی ہے کہ سورہ برات کے علاوہ باقی تمام سورتوں کی ابتدا میں وہ بِسْمِ اللہ کی تلاوت کرتے آئے ہیں۔ تمام اصحاب و تابعین کے مصاحف میں بِسْمِ اللہ درج تھی، حالانکہ وہ اپنے مصاحف میں غیر قرآنی کلمات درج کرنے میں اتنی احتیاط ملحوظ رکھتے تھے کہ قرآنی حروف پر نقطے لگانے سے بھی اجتناب کرتے تھے۔

عصر معاویہ تک یہ سیرت تواتر سے جاری رہی۔ معاویہ نے ایک بار مدینے میں بِسْمِ اللہ کے بغیر نماز پڑھائی تو مہاجرین و انصار نے احتجاج کیا:

یا معاویہ اَسرَقتَ الصلاۃَ اَم نَسِیتَ اَینَ بِسْمِ اللہِ الرَّحْمٰنِ الرَّحِیْمِ۔ [12]

اے معاویہ! تو نے نماز چوری کی ہے یا بھول گئے ہو۔ بِسْمِ اللہِ الرَّحْمٰنِ الرَّحِیْمِ کہاں گئی؟

معاویہ اور اموی حکام نے قرآن سے بِسْمِ اللہ کو حذف کیا، لیکن ان کے مصلحت کوش پیروکاروں نے اسے ترک تو نہیں کیا، مگر آہستہ ضرور پڑھا، حالانکہ قرآن کی تمام سورتوں میں بِسْمِ اللہ کے ایک الگ آیت شمار ہونے پر متعدد احادیث موجود ہیں :

۱۔ عَنْ طَلْحَةَ بْنِ عُبَیْدِ اللہِ قَالَ: قَالَ رَسُوْلُ اللہِ ﷺ: مَنْ تَرَکَ بِسْمِ اللہِ الرَّحْمٰنِ الرَّحِیْمِ فَقَدْ تَرَکَ آیَۃً مِنْ کِتَابِ اللہِ [13]

طلحہ بن عبید اللہ راوی ہیں کہ رسول اللہ ﷺ نے فرمایا : جس نے بِسْمِ اللہِ الرَّحْمٰنِ الرَّحِیْمِ کو ترک کیا، اس نے قرآن کی ایک آیت ترک کی۔

۲۔ حضرت انس راوی ہیں کہ رسول اللہ ﷺ ہمارے درمیان تشریف فرما تھے کہ آپ ﷺ پر غشی کی سی کیفیت طاری ہو گئی پھر مسکراتے ہوئے سر اٹھایا۔ ہم نے عرض کی : یا رسول اللہ ﷺ آپ ﷺ کس بات پر مسکرا رہے ہیں؟ فرمایا :

اُنْزِلَتْ عَلَیَّ آنِفًا سُوْرَۃٌ فَقَرَأَ بِسْمِ اللہِ الرَّحْمٰنِ الرَّحِیْمِ اِنَّا اَعْطَیْنٰکَ الْکَوْثَرَ۔ [14]

ابھی ابھی مجھ پر ایک سورہ نازل ہوا ہے ۔ پھر پڑھا :
بِسْمِ اللہِ الرَّحْمٰنِ الرَّحِیْمِ ۔ اِنَّا اَعْطَیْنٰکَ الْکَوْثَرَ۔

۳۔ ابن عمر راوی ہیں کہ بِسْمِ اللّٰهِ الرَّحْمٰنِ الرَّحِيْمِ ہر سورہ کے ساتھ نازل ہوئی ہے۔ [15]

۴۔ حضرت ابن عباس کہتے ہیں :

جب رسول اللہ صلی اللہ علیہ وآلہ وسلم کے پاس جبرائیل بِسْمِ اللّٰهِ الرَّحْمٰنِ الرَّحِيْمِ لے کر نازل ہوتے تو آپ صلی اللہ علیہ وآلہ وسلم کو معلوم ہو جاتا تھا کہ جدید سورہ نازل ہونے والا ہے۔ [16]

لیکن با این ہمہ امام ابو حنیفہ بسم اللہ کو سورۂ حمد سمیت کسی بھی قرآنی سورے کا جزو نہیں سمجھتے۔ مزید توضیح کے لیے ملاحظہ ہو القرآن الکریم و روایات المدرستین از علامہ مرتضیٰ عسکری۔

بسم اللہ سورہ حمد کی ایک آیت ہے

اس بارے میں متعدد روایات موجود ہیں۔ جن کے راوی درج ذیل جلیل القدر اصحاب ہیں :

۱۔ ابن عباس کہتے ہیں :

رسول اللہ ﷺ سورۂ حمد کی ابتدا بسم اللہ سے کرتے تھے۔ [17]

حضرت ابن عباس کا یہ قول بھی مشہور ہے :

شیطان نے لوگوں سے قرآن کی سب سے بڑی آیت چرالی ہے۔ [18]

۲۔ حضرت ام سلمہ فرماتی ہیں :

رسول اللہ ﷺ سورہ حمد میں بسم اللہ پڑھتے تھے۔ [19]

۳۔ جابر [20]

۴۔ نافع [21]

۵۔ ابوہریرہ

۶۔ انس بن مالک [22]

بسم اللہ کا بالجہر (آواز سے) پڑھنا

اس بات پر بھی کبار اصحاب کی متعدد روایات موجود ہیں کہ رسول اللہ ﷺ بسم اللہ کو آواز کے ساتھ پڑھتے تھے۔

۱۔ ابوہریرہ راوی ہیں :

قَالَ رَسُولُ اللہِ: ثُمَّ عَلَّمَنِی جِبْرَائِیلُ الصَّلٰوةَ فَقَا مَفَکَبَّرَ لنا۔

رسول اللہ ﷺ نے فرمایا : جبریئیل نے مجھے نماز سکھائی۔ پس وہ کھڑے ہوئے، ثُمَّ قَرَأَ بِسْمِ اللہِ الرَّحْمٰنِ الرَّحِیْمِ فِیْ مَا یُجْھَرُ بِہٖ فِیْ کُلِّ رَکْعَةٍ [23]

تکبیر کہی تاکہ اقتداء کی جائے، بِسْمِ اللہِ الرَّحْمٰنِ الرَّحِیْمِ ہر رکعت میں بالجہر پڑھی۔

۲۔ حضرت عائشہ فرماتی ہیں :

رسول اللہ ﷺ بِسْمِ اللہِ الرَّحْمٰنِ الرَّحِیْمِ کو بالجہر پڑھتے تھے۔ [24]

۳۔ حضرت علی علیہ السلام سے روایت ہے :

رسول اللہ ﷺ دونوں سورتوں میں بِسْمِ اللہِ الرَّحْمٰنِ الرَّحِیْمِ کو بالجہر پڑھتے تھے۔ [25]

۴۔ ابوہریرہ کہتے ہیں :

رسول اللہ صلی اللہ علیہ وآلہ وسلم بِسْمِ اللّٰہِ الرَّحْمٰنِ الرَّحِیْمِ کو بالجہر پڑھتے تھے مگر لوگوں نے اسے ترک کر دیا۔ [26]

۵۔ ابو طفیل امام علی بن ابی طالبؑ سے روایت کرتے ہیں :

رسول اللہ صلی اللہ علیہ وآلہ وسلم بسم اللہ کو واجب نمازوں میں بالجہر پڑھتے تھے۔ [27]

۶۔ انس بن مالک کہتے ہیں :

میں نے سنا کہ رسول اللہ بسم اللہ کو بالجہر پڑھتے تھے۔ [28]

۷۔ ابن عمر راوی ہیں :

میں نے نبی صلی اللہ علیہ وآلہ وسلم، ابو بکر اور عمر کے پیچھے نمازیں پڑھیں۔ وہ سب بسم اللہ کو بالجہر پڑھتے تھے۔ [29]

۸۔ انس راوی ہیں :

میں نے نبی صلی اللہ علیہ وآلہ وسلم ابو بکر، عمر اور علی علیہ السلام کے پیچھے نمازیں پڑھیں۔ سب نے بسم اللہ کو بالجہر پڑھا۔ [30]

اس کے علاوہ بہت سے علماء نے بسم اللہ کو بالجہر پڑھنے اور اس کے ضروری ہونے پر خصوصی کتب تالیف کی ہیں مثلاً :

۱۔ کتاب البسملۃ۔ تالیف : ابن خزیمہ متوفی ۳۱۱ھ

۲۔ کتاب الجہر بالبسملۃ ۔ تالیف : خطیب بغدادی متوفی ۴۶۳ھ

۳۔ کتاب الجہر بالبسملۃ ۔ تالیف : ابوسعید بوشنجی متوفی ۵۳۶ھ

۴۔ کتاب الجہر بالبسملۃ ۔ تالیف : جلال الدین محلی شافعی متوفی ۸۶۴ھ

ملاحظہ ہو : القرآن وروایات المدرستین

تشریح کلمات

اسم : (س م و) یہ لفظ اگر سمو سے مشتق ہو تو اس کا معنی ''بلندی'' ہے کیونکہ اسم اپنے معنی کو پردۂ خفا سے منصہ شہود پر لاتا ہے اور اگر و س م سے مشتق ہو تو ''علامت'' کے معنی میں ہے ۔

اللہ : (ا ل ہ) اَلَہَ یعنی عَبَدَ۔ اِلٰہ سے مراد ہے معبود۔ حذف ہمزہ کے بعد ال معرفہ داخل کرنے سے اللہ بن گیا۔ یہ اسم ذات ہے جو اللہ کی مقدس ذات سے مخصوص ہے ۔ ھَلْ تَعْلَمُ لَہ سَمِیًّا [31] ''کیا اس کا کوئی ہم نام تیرے علم میں ہے ۔''

اَلرَّحْمٰن : (رح م) رحمت سے صیغۂ مبالغہ ہے یعنی نہایت رحم کرنے والا ''مہربان''، جس کی رحمت ہر چیز کو شامل ہو۔ یہ لفظ اللہ تعالیٰ کا خصوصی لقب ہے ۔

اَلرَّحِیْم : صفت رحم سے متصف ذات جس کی رحمت کثیر ہو۔ یہ ''شریف'' اور ''کریم'' کے وزن پر ہے اور یہ وزن ایسی صفت بیان کرنے کے لیے آتا ہے جو کسی ذات کے لاینفک لوازم میں سے ہو۔

تفسیر آیات

بِسْمِ اللّٰہِ

بسم اللہ میں باء ''استعانت'' کے معنی میں ہے یعنی میں سہارا اور مدد لیتا ہوں اللہ کے نام سے۔

اولاً تو لفظ اللہ ہی اسم اعظم ہونے کے اعتبار سے بہت بڑا سہارا ہے۔ ثانیاً اسم سے مراد مسمیٰ ہوتا ہے۔ جیسے سَبِّحِ اسْمَ رَبِّکَ [32] میں نام خدا کی نہیں بلکہ ذات خدا کی تسبیح مراد ہے۔

قرآن کا ہر سورہ انسانیت کے لیے صحیفۂ نجات ہے۔ اس لیے ہر سورے کی ابتدا بسم اللہ سے ہوتی ہے۔ ''اسم'' ذات کی ترجمانی کرتا ہے، کیونکہ اسم اگر قراردادی اور اعتباری ہو تو اس کے لیے مخصوص الفاظ منتخب کیے جاتے ہیں اور اگر تکوینی ہو تو اس مقصد کے لیے مخصوص ذات کا انتخاب کیا جاتا ہے۔ الفاظ کی شکل میں اسم اعظم بسم اللہ ہے اور ذات کی شکل میں اسم اعظم محمد صلی اللہ علیہ و آلہ وسلم کی ذات اقدس ہے

، لہٰذا اللہ تعالیٰ نے جس طرح اپنی تشریعی و تدوینی کتاب قرآن کو بسم اللہ سے شروع کیا، اسی طرح اپنی تکوینی کتاب ''کائنات'' کی ابتدا ذات محمد ﷺ سے کی اور تمام مخلوقات سے پہلے نور محمدی ﷺ خلق فرمایا:

اِبْتَدَأَ اللّٰهُ كِتَابَہٗ التَّدْوِيْنِى بِذِكْرِ اِسْمِہٖ كَمَا اِبْتَدَأَفِى كِتَابَہٗ التَّكْوِينِى بِاِسْمِہٖ الْاتَمفَخَلَقَ الْحَقِيقَةَ الْمُحَمَّدِيَّةَ وَ نُوْرَ النَّبِيِّ الْاَكْرَمِ قَبْلَ سَائِرِ الْمَخْلُوقِيْنَ[33]

اللہ تعالیٰ نے اپنی تدوینی کتاب کی ابتدا اپنے نام سے کی جیسا کہ اس نے اپنی تکوینی کتاب کی ابتدا اپنے کامل اسم سے کی۔ چنانچہ تمام مخلوقات سے پہلے حقیقت اور نور محمدی ﷺ کو خلق کیا۔

الرَّحْمٰنِ الرَّحِيْمِ

۱۔ قرآن کی ابتدا ذکر رحمت سے ہو رہی ہے۔ خود قرآن بھی اللہ کی عظیم رحمت ہے:

وَ نُنَزِّلُ مِنَ الْقُرْآنِ مَا ہو شِفَاءٌ وَّ رَحْمَةٌ لِّلْمُؤْمِنِيْنَ[34]

اور ہم قرآن میں سے ایسی چیز نازل کرتے ہیں جو مومنین کے لیے تو شفا اور رحمت ہے۔

خود رسول کریم ﷺ بھی اللہ کی عظیم رحمت ہیں:

وَ مَا اَرْسَلْنٰکَ اِلَّا رَحْمَۃً لِّلْعٰلَمِیْنَ[35]

اور (اے محمد) ہم نے آپ کو عالمین کے لیے بس رحمت بنا کر ہی بھیجا ہے۔

رحمت کی اس غیر معمولی اہمیت کا اندازہ اس بات سے بھی لگایا جا سکتا ہے کہ خداوند عالم نے رحمت کو اپنی ذات پر لازم قرار دے رکھا ہے:

کَتَبَ رَبُّکُمْ عَلٰی نَفْسِہِ الرَّحْمَۃَ۔[36]

تمھارے رب نے رحمت کو اپنے اوپر لازم قرار دیا ہے۔

۲۔ رحمٰن۔ بے پایاں رحم کرنے والا۔ مگر یہ نہیں بتایا گیا کہ وہ کس پر رحم کرنے والا ہے۔ اس کا راز یہ ہے کہ اگر اس کا ذکر کر دیا جاتا تو خدا کی رحمانیت اسی کے ساتھ مخصوص ہو جاتی جب کہ ذکر نہ کرنے سے اللہ کی رحمانیت کا دائرہ وسیع رہتا ہے۔ لفظ الرحمٰن ہمیشہ کسی قید و تخصیص کے بغیر استعمال ہوتا ہے یعنی رحمٰن بالمؤمنین نہیں کہا جاتا کیونکہ خدا فقط مؤمنین پر ہی رحم کرنے والا نہیں ہے:

فَاِنَّ کَلِمَۃَ الرَّحْمٰنفِیِ جمیع موارد استعمالها مَحْذُوْفَۃُ الْمُتَعَلَّقِفَیُسْتَفَادُ مِنها الْعُمُوْمُ وَ أَنَّ رَحْمَتَہُ وَسِعَتْ کُلَّ شَیْءٍ۔[37]

لفظ رحمٰن جہاں بھی استعمال ہوا ہے اس کا متعلق محذوف ہے، اسی لیے اس سے عمومیت کا استفادہ ہوتا ہے کہ اللہ کی رحمت ہر شے کو گھیرے ہوئے ہے۔

۳۔ رحمٰن اور رحیم کو بِسْمِ اللہ جیسی اہم ترین آیت میں باہم ذکر کرنے سے مقام رحمت کی تعبیر میں جامعیت آ جاتی ہے کیونکہ رحمٰن سے رحم کی عمومیت و وسعت وَرَحْمَتِیْ وَسِعَتْ کُلَّ شَیْءٍ [38] ''اور میری رحمت ہر چیز کو شامل ہے'' اور رحیم سے رحم کا لازمۂ ذات ہونا مراد ہے

كَتَبَ رَبُّكُمْ عَلَىٰ نَفْسِهِ الرَّحْمَةَ۔ [39]

چنانچہ اس تعبیر میں عموم رحمت اور لزوم رحمت دونوں شامل ہیں۔

۴۔ رحمٰن اور رحیم، رحم سے مشتق ہیں، جو احتیاج، ضرورت مندی اور محرومی کے موارد میں استعمال ہوتا ہے۔ کیونکہ کسی شے کے فقدان کی صورت میں احتیاج، ضرورت اور پھر رحم کا سوال پیدا ہوتا ہے اور رحم کرنے والا اس چیز کا مالک ہوتا ہے جس سے دوسرا شخص (جس پر رحم کیا جاتا ہے) محروم ہوتا ہے۔

بعض علماء کے نزدیک رحمٰن اسم ذات ہے، کیونکہ قرآن میں بہت سے مقامات پر اس لفظ سے ذات کی طرف اشارہ کیا گیا ہے:

قُلْ اِنْ کَانَ لِلرَّحْمٰنِ وَلَدٌ فَاَنَا اَوَّلُ الْعٰبِدِیْنَ [40]

کہہ دیجیے : اگر رحمن کی کوئی اولاد ہوتی تو سب سے پہلے میں (اس کی) عبادت کرنے والا ہوں۔

اس لیے اس لفظ کو غیر اللہ کے لیے استعمال کرنا جائز نہیں ہے۔

اللہ تعالیٰ ہر کمال اور طاقت کا سرچشمہ ہے، جب کہ انسان اور دیگر مخلوقات محتاج اور ضرورتمند ہیں۔ کائنات کا مالک اپنے محتاج بندوں کو یہ باور کرا رہا ہے کہ وہ سب سے پہلے رحمٰن و رحیم ہے، کیونکہ وہی ہر فقدان کا جبران، ہر احتیاج کو پورا اور ہر کمی کو دور کرتا ہے اور اپنے بندوں کو نعمتوں سے نوازتا ہے۔

۵۔ نماز میں بسم اللہ کو با لجہر (آواز کے ساتھ) پڑھنا مستحب ہے۔ حدیث کے مطابق یہ مومن کی علامت ہے۔

احادیث

امام جعفر صادق علیہ السلام اپنے پدر بزرگوارؑ سے روایت فرماتے ہیں :

بِسْمِ اللهِ الرَّحْمٰنِ الرَّحِيْمِ أَقْرَبُ اِلَى اسْمِ اللهِ الأعظَمِ مِن نَاظِرِ الْعَيْنِ اِلَى بيَاضِهَا۔ [41]

بِسْمِ اللهِ الرَّحْمٰنِ الرَّحِیْمِ اللہ کے اسم اعظم سے ایسے نزدیک ہے جیسے آنکھ کا قرینہ سفیدی سے۔

امام محمد باقر علیہ السلام سے مروی ہے :

بِسْمِ اللهِ الرَّحْمٰنِ الرَّحِیْمِ أَقْرَبُ اِلٰی اِسْمِ اللهِ الْأَعْظَمِ مِنْ سَوَادِ الْعَیْنِ اِلٰی بَیَاضِھَا [42]

بِسْمِ اللهِ الرَّحْمٰنِ الرَّحِیْمِ اللہ تعالیٰ کے اسم اعظم سے اتنی نزدیک ہے جتنی آنکھ کی سیاہی اس کی سفیدی سے قریب ہے۔

اہم نکات

۱۔ ہر کام کی ابتدا میں اپنے مہربان معبود یعنی اللہ کا نام لینا آداب بندگی میں سے ہے۔

۲۔ ہر کام کو نام خدا سے شروع کرنے سے انسان کے کائناتی مؤقف اور تصور حیات کا تعین ہوتا ہے کہ کائنات پر اسی کی حاکمیت ہے۔ لَا مُؤَثِّرَ فِی الْوُجُوْدِ اِلَّا الله ہر کام اور ہر چیز میں صرف اسی کا دخل ہو سکتا ہے۔ چنانچہ حدیث میں ہے : کُلُّ اَمْرٍ

ذِیْ بَالٍ لَمْ یُبْدَأْ بِبِسْمِ اللّٰهِ فَهُوَ اَبْتَرْ [43] یعنی ہر وہ اہم کام جسے اللہ کے نام سے شروع نہ کیا جائے اپنے مطلوبہ انجام تک نہیں پہنچتا۔ چونکہ اس کائنات میں اللہ ہی سب کا مطلوب و مقصود ہے اور اس کے بغیر ہر کام ادھورا اور ابتر رہتا ہے ، لہذا حصول مرام کے لیے اس کے نام سے ابتدا کرنا ضروری ہے ۔

۳۔ رحمن سے رحمت کی عمومیت اور رحیم سے رحمت کا لازمۂ ذات ہونا، رحمن کے صیغۂ مبالغہ ہونے اور رحیم کے صفت مشبہ ہونے سے ظاہر ہے ۔

۴۔ اللہ کے اوصاف میں رحمن ورحیم کو سب سے زیادہ اہمیت حاصل ہے ۔

۵۔ اللہ کی رحمانیت سب کو شامل ہے جب کہ اس کی رحیمیت صرف مؤمنین کے لیے ہے ۔

تحقیق مزید

الوسائل ۶ : ۵۹ باب ان البسملۃ آیۃ الوسائل ۶ : ۱۱۹ ۔ ۱۱۹ :۷ ۔ ۷ ۔ ۱۶۹ ۔ مستدرک الوسائل ۱۶۶ : ۴ ۔ ۱۸۷ : ۴ ۔ ۱۸۹ : ۴ ۔ عوالی اللآلی ۴ : ۱۰۲

اَلْحَمْدُ لِلّٰهِ رَبِّ الْعَالَمِیْنَ

۲۔ ثنائے کامل اللہ کے لیے ہے جو سارے جہانوں کا پروردگار ہے۔

تشریح کلمات

الحمد : (ح م د) ثنائے کامل۔ اختیاری خوبیوں کی تعریف کرنے کو حمد کہتے ہیں۔ اَل کلمہ استغراق ہے۔ یعنی ساری حمد، کوئی بھی حمد ہو۔ اس لیے ہم نے اَل کا ترجمہ کامل سے کیا ہے۔

رب : (ر ب ب) کسی شے کو تدریجاً ارتقائی درجات کی طرف لے جانے والا۔ رب اس مالک کو کہتے ہیں جس کے ہاتھ میں تدبیر امور ہو۔ المالک الذی بیدہ تدبیر الامور۔ العین میں مذکور ہے: و من ملک شیئاً فھو ربہ۔ جو کسی چیز کا مالک بنے وہ اس کا رب کہلائے گا۔ لسان العرب میں ہے: فَلَان رَبّ ہٰذَا الشیء اَیْ مِلکُہُ

لہٰفلاں اس چیز کا رب یعنی مالک ہے۔ بادل کو رباب کہتے ہیں، کیونکہ اس سے برسنے والے پانی سے نباتات کی نشوو نما ہوتی ہے۔

جو شخص رب کی طرف منسوب ہوا، اسے ربانی کہتے ہیں۔ ارشاد قدرت ہے :

كُوْنُوْا رَبَّانِيّٖنَ [44]

اللہ والے بن جاؤ۔

حضرت علی علیہ السلام سے روایت ہے کہ آپؑ نے فرمایا :

اَنَا رَبَّانِيُّ هٰذِهِ الْاُمَّة[45]

میں اس امت کا ربانی ہوں۔

ت

تفسیر آیات

اَلْحَمْدُ لِلّٰہ

الحمد دو لفظوں اَل اور حمد سے مرکب ہے۔ اَل عمومیت کا معنی دیتا ہے اور حمد ثنائے کامل کو کہتے ہیں۔ اردو زبان کی گنجائش کے مطابق اس کا مفہوم یہ بنتا ہے: ثنائے کامل اللہ کے لیے ہے۔ یعنی اگر غیر خدا کے لیے بظاہر کوئی جزوی ثنا اور حمد دکھائی دیتی بھی ہے تو اس کا حقیقی سرچشمہ بھی ذاتِ خداوندی ہے۔ بالفاظ دیگر مخلوقات کی حمد و ثنا کی بازگشت ان کے خالق کی طرف ہوتی ہے:

رَبُّنَا الَّذِیْ اَعْطٰی کُلَّ شَیْءٍ خَلْقَہٗ ثُمَّ ھَدٰی [46]

ہمارا رب وہ ہے جس نے ہر چیز کو اس کی خلقت بخشی پھر ہدایت دی۔

تمام موجودات معلول ہیں اور اللہ تعالیٰ ان کے لیے علت العلل ہے۔ لہذا معلول کے تمام اوصاف علت کے مرہون منت ہوتے ہیں۔ یہاں تک کہ ان کا وجود جو ایک

کمال ہے ، وہ بھی اللہ کی طرف سے ہے ۔ اسی لیے حضرت امام محمد باقر علیہ السلام سے مروی ہے کہ آپؑ نے اَلْحَمْدُ لِلّٰہِ کہنے کے بعد فرمایا :

فَمَا مِنْ حَمْدِ اِلَّا وَ ہو دَاخِلُفِیْمَا قُلْتُ [47] یعنی ہر قسم کی حمد و ثنا اس جملے اَلْحَمْدُ للہ میں داخل ہے جو میں نے کہا ہے

رَبِّ الْعَالَمِیْنَ

امام جعفر صادق علیہ السلام سے مروی ہے :

شُکْرُ النِّعْمَةِ اجْتِنَابُ الْمَحَارِمِ وَ تَمَامُ الشُّکْرِ قَوْلُ الرَّجُلِ الْحَمْدُ لِلّٰہِ رَبِّ الْعَالَمِینَ.[48]

حرام سے اجتناب کرنا نعمت کا شکر ہے اور الحمد للہ رب العالمین کہنے سے شکر کی تکمیل ہوتی ہے ۔

توحید رب تمام انبیاءؑ کی تبلیغ کا محور و مرکز رہی ہے ، ورنہ توحید خالق کے تو مشرکین بھی قائل تھے ۔ ملاحظہ ہو سورۃ عنکبوت : ۶۳ تا ۶۱ ۔ سورہ زخرف ۸۷، ۹ ۔ لقمان : ۲۵

تربیت یعنی کسی شے کو بتدریج ارتقائی منازل کی طرف لے جانا ۔ جب لفظ رب کو بلا اضافت استعمال کیا جائے تو اس کا اطلاق صرف اللہ تعالیٰ پر ہوتا ہے :

قُلْ اَغَيْرَ اللہِ اَبْغِیْ رَبًّا وَّ ھُوَ رَبُّ کُلِّ شَیْءٍ. [49]

کہہ دیجیے : کیا میں اللہ کو چھوڑ کر کسی اور کو اپنا رب بناؤں ؟ حالانکہ وہ ہر چیز کا رب ہے ۔

البتہ غیر خدا کے لیے اضافت ضروری ہے جیسے رب البیت، رب السفینۃ وغیرہ۔ لفظ رب اس مالک کے معنی میں استعمال ہوتا ہے، جس کے ہاتھ میں مملوک کے امور کی تدبیر ہو۔ اسلامی تعلیمات کا مرکزی نکتہ خالق و مدبر کی وحدت ہے کہ جس نے خلق کیا ہے اسی کے ہاتھ میں تدبیر امور ہے :

یدبّر الامر من السمآء الی الارض۔

انسانی تکامل و ارتقا کا مربی خدا ہے اور حقیقی مالک بھی وہی ہے اس لیے لفظ رب کو مقام دعا میں بہت اہمیت حاصل ہے۔ تمام انبیاء کی یہ سیرت رہی ہے کہ انھوں نے اپنی دعاؤں کی ابتدا لفظ رب سے کی اور اللہ کو ہمیشہ اسی لفظ سے پکارا :

رَبَّنَآ اٰتِنَا فِی الدُّنْیَا حَسَنَۃً [50] رَبَّنَا لَا تُزِغْ قُلُوْبَنَ [51] رَبَّنَا وَ ابْعَثْ فِیْھِمْ رَسُوْلًا مِّنْھُمْ [52]

عالمین : اسم جمع ہے ۔ موجودات کی ایک صنف پر اس کا اطلاق ہوتا ہے جیسے عالم الانس ، عالم الارواح وغیرہ ۔ اللہ کے سوا پوری کائنات پر بھی اس کا اطلاق ہوتا ہے ۔ ممکن ہے عَالَمِین سے یہاں پہلا معنی مراد ہو۔ بنابریں رَبِّ الْعَالَمِیْن کا معنی یہ ہوا کہ تمام عالمین کا مربی اور ان کی ارتقا کا سرچشمہ فقط اللہ ہے ۔ اس جامع اور وسیع نظریہ توحید سے وہ فرسودہ توہمات بھی باطل ہو جاتے ہیں ، جن کے مطابق مشرکین تربیت و فیض کا سرچشمہ ایک ذات کی بجائے متعدد ذوات کو قرار دیتے اور ایک رب کی بجائے بہت سے ارباب کو پکارتے تھے

اہم نکات

۱۔ ہر حمد و ثناء کی بازگشت اللہ تعالیٰ کی طرف ہے ۔ اَلْحَمْدُلِلّٰہ

۲۔ تمام کائنات کا مالک اور ہر ارتقا کا سرچشمہ اللہ تعالیٰ ہے ۔ رَبِّ الْعَالَمِیْن

۳۔ کائنات پر صرف ایک رب کی حاکمیت ہے ۔

۴۔ ربوبیت کا تقاضا یہ ہے کہ مربوب اپنے رب کی تعریف کرے ۔

۵۔ مربی کے بغیر ارتقائی مراحل طے نہیں ہو سکتے ۔

۶۔ تربیت یعنی حقیقی منزل کی طرف رہنمائی سب سے اہم کام ہے ۔

۷۔ لفظ عالمین سے ظاہر ہے کہ تربیت کا دائرہ نہایت وسیع ہے ۔

۸۔ وحدت مربی نظام کائنات میں ہم آہنگی اور وحدت ہدف کی ضامن ہے ۔

(۳) الرَّحْمٰنِ الرَّحِیْمِ

۳۔ جو رحمن و رحیم ہے۔

تفسیر کلمات

وہ اللہ جو لائق حمد و ثنا، سرچشمہ تربیت و ارتقا اور صفت رحمانیت و رحیمیت سے متصف ہے، عالمین کا مالک اور قادر و قہار ہونے کے باوصف رحمن و رحیم بھی ہے۔

مخفی نہ رہے کہ بِسْمِ اللہِ میں رَحْمٰن و رَحِیْم کے ذکر کے بعد اس مقام پر دوبارہ تذکرہ بے جا تکرار نہیں بلکہ بسم اللہ میں اس کا ذکر مقام الوہیت میں ہوا تھا، جب کہ یہاں مقام ربوبیت میں رَحْمٰن و رَحِیْم کا تذکرہ ہو رہا ہے۔

اللہ کی رحمت سے وہ لوگ بہرہ مند ہو سکتے ہیں جو اس کے بندوں پر رحم کرتے ہیں۔ اِرْحَمْ تُرْحَمْ۔

اہم نکات

۱۔ اللہ تعالیٰ الوہیت کے ساتھ ساتھ ربوبیت میں بھی رَحْمٰن و رَحِیْم ہے۔

٢۔ دوسروں پر رحم کرکے ہی رحمت خداوندی کا اہل بنا جا سکتا ہے۔

4 مَالِكِ يَوْمِ الدِّينِ

۴۔ روزِ جزا کا مالک ہے۔

تشریح کلمات

دین : (دی ن) جزا اور اطاعت کے معنی میں استعمال ہوتا ہے۔ شریعت کے معنی میں بطور استعارہ استعمال ہوا ہے۔

تفسیر آیات

اللہ تعالیٰ ہی کائنات کا حقیقی سرپرست، روزِ جزا و سزا کا مالک اور صاحبِ اختیار ہے۔ وہ اپنی ملکیت میں جس طرح چاہے تصرف کر سکتا ہے۔ مجرم کو بخش دینا یا اسے سزا دینا اس کے اختیار میں ہے۔ وہ روزِ جزا کا قاضی ہی نہیں بلکہ مالک و صاحبِ اختیار بھی ہے۔

یہاں پر یہ سوال پیدا ہوتا ہے کہ جب اللہ تعالیٰ پوری کائنات کا مالک ہے تو پھر صرف روز جزا سے اس مالکیت کی تخصیص کیوں کی گئی ؟

اس کا جواب یہ ہے :

اولاً : دنیا میں مجازی مالک بھی ہوتے ہیں جب کہ بروز قیامت کوئی مجازی مالک نہ ہوگا :
يَوْمَ لَا تَمْلِكُ نَفْسٌ لِّنَفْسٍ شَيْئًا وَّ الْأَمْرُ يَوْمَئِذٍ لِّلّٰهِ ۔ [53]

اس دن کسی کو کسی کے لیے کچھ (کرنے کا) اختیار نہیں ہوگا اور اس دن صرف اللہ کا حکم چلے گا۔

ثانیاً : دنیا میں تو اس مالک حقیقی کے منکر بھی موجود ہوتے ہیں ، لیکن روز جزا تو کوئی لِ ۞ مَنِ الْمُلْكُ الْيَوْمَ [54] کا جواب دینے والا نہ ہوگا۔

ثالثاً : دنیا میں اللہ کا صرف تکوینی حکم نافذ تھا، جب کہ تشریعی احکام کی نافرمانی بھی ہوتی تھی ، لیکن بروز قیامت اس کے تمام احکام نافذ ہوں گے ، کوئی نافرمانی کی جرات نہیں کر سکے گا۔

رابعاً : دنیا میدان عمل اور دارالامتحان ہے ، اس لیے بندے کو کچھ اختیارات دیے گئے ہیں ، لیکن قیامت، نتیجے اور جزائے عمل کا دن ہے ، لہذا اس دن فقط اللہ کی حاکمیت ہوگی بندوں کو کوئی اختیار نہیں دیا جائے گا۔

روز جزا کا تصور انسانی زندگی پر گہرے اثرات مرتب کرتا ہے ۔ کیونکہ اس عقیدے سے دنیاوی زندگی کو قدر و قیمت ملتی ہے اور اس میں پیش آنے والی سختیوں کی توجیہ میسر آتی ہے ۔ زندگی سکون و اطمینان اور صبر و استقامت سے گزرتی ہے اور انسان ناانصافیوں کو دیکھ کر مایوس نہیں ہوتا۔

حضرت امام زین العابدین علیہ السلام سے مروی ہے :

لَوْ مَاتَ مَنْ بَیْنَ الْمَشْرِقِ وَ الْمَغْرِبِ لَمَا اسْتَوْحَشْتُ بَعْدَ أَنْ یَکُونَ الْقُرْآنُ مَعِی وَ کَانَ ع إِذَا قَرَأَ " مَالِکِ یَوْمِ الدِّینِ " یُکَرِّرُھَا حَتَّی کَادَ أَنْ یَمُوتَ۔

[55]

اگر مشرق و مغرب کے درمیان سب لوگ مر جائیں تو میں وحشت زدہ نہ ہوں گا اگر قرآن میرے ساتھ ہے ۔ جب مالک یوم الدین کی تلاوت فرماتے تو اس کی اتنی تکرار کرتے کہ لگتا تھا جیسے جان جہاں آفرین کے سپرد ہو رہی ہے ۔

اہم نکات

۱۔ قیامت کے دن مالکیت و حاکمیت صرف اللہ کی ہوگی۔

۲۔ انسانی و اخلاقی اقدار کا تعلق روز جزا سے ہے ۔

۳۔ اللہ کے ہاں اخروی احتساب کا عقیدہ انسان کو دنیا میں خود احتسابی پر آمادہ کرتا ہے۔

5 إِيَّاكَ نَعْبُدُ وَإِيَّاكَ نَسْتَعِينُ

۵۔ ہم صرف تیری عبادت کرتے ہیں اور تجھ ہی سے مدد مانگتے ہیں۔

تفسیر آیات

إِيَّاكَ نَعْبُدُ

کسی ذات کی تعظیم و تکریم اور اس کی پرستش کے چار عوامل ہو سکتے ہیں۔ کمال، احسان، احتیاج اور خوف۔ اللہ تعالیٰ کی پرستش و عبادت میں یہ چاروں عوامل موجود ہیں۔

کمال: اگر کسی کمال کے سامنے ہی سر تعظیم و تسلیم خم ہونا چاہیے تو اس عالم ہستی میں فقط اللہ تعالیٰ ہی کمال مطلق ہے، جس میں کسی نقص کا شائبہ تک نہیں۔ تمام کمالات کا

منبع اور سرچشمہ اسی کی ذات ہے۔ آسمانوں اور زمین میں بسنے والے اسی کمال مطلق کی عبودیت میں اپنا کمال حاصل کرتے ہیں:

اِنْ كُلُّ مَنْفِى السَّمٰوٰتِ وَ الْاَرْضِ اِلَّآ اٰتِى الرَّحْمٰنِ عَبْدًا[56]

جو کوئی آسمانوں اور زمین میں ہے وہ اس رحمن کے حضور صرف بندے کی حیثیت سے پیش ہوگا۔

احسان: اگر کسی محسن کی احسان مندی عبادت و تعظیم کا سبب بنتی ہے تو یہاں بھی اللہ کی ذات ہی لائق عبادت ہے، کیونکہ وہی ارحم الراحمین ہے۔ اس نے اپنے اوپر رحمت کو لازم کر رکھا ہے:

كَتَبَ رَبُّكُمْ عَلٰى نَفْسِهِ الرَّحْمَةَ[57]

تمھارے رب نے اپنے اوپر رحمت کو لازم قرار دیا ہے۔

احتیاج: عبادت کا سبب اگر احتیاج ہے تو یہاں بھی معبود حقیقی اللہ ہی ہے، کیونکہ وہ ہر لحاظ سے بے نیاز ہے اور کائنات کی ہر چیز اس کی محتاج ہے۔ وہ علت العلل ہے اور باقی سب موجودات معلول ہیں اور ظاہر ہے کہ علت کے مقابلے میں معلول مجسم احتیاج ہوتا ہے:

يٰٓاَيُّهَاالنَّاسُ اَنْتُمُ الْفُقَرَآءُ اِلَى اللّٰهِ وَ اللّٰهُ ہو الْغَنِىُّ الْحَمِيْدُ۔ [58]

اے لوگو! تم اللہ کے محتاج ہو اور اللہ تو بے نیاز، لائق ستائش ہے۔

خوف : اگر وجہ تعظیم و عبادت خوف ہے تو خداوند عالم کی طرف سے محاسبے اور مؤاخذے کا خوف انسان کو اس کی طرف متوجہ کرتا ہے۔ وہ جانتا ہے کہ ایک دن اسے اللہ کی بارگاہ میں پیش ہو کر اپنے اعمال کا حساب دینا ہوگا :

مَنْ عَمِلَ صَالِحاً فَلِنَفْسِہِ وَ مَنْ اَسَآءَفَعَلَیْھَا ثُمَّ اِلٰی رَبِّکُمْ تُرْجَعُوْنَ۔ [59]

جو نیکی کرتا ہے وہ اپنے لیے کرتا ہے اور جو برائی کا ارتکاب کرتا ہے اس کا وبال اسی پر ہے، پھر تم اپنے پروردگار کی طرف لوٹائے جاؤ گے۔

رحمن ورحیم، رب العالمین اور روز جزاء کے مالک پر ایمان لانے کا لازمی نتیجہ یہ ہے کہ عبادت صرف اسی کی ہو، کیونکہ سابقہ آیات میں عبادت کے تمام عوامل بیان ہو چکے ہیں۔

اَلْحَمْدُ لِلّٰہِ سے کمال خداوندی کی نشاندہی ہوتی ہے یعنی خداوند عالم کمال کی اس منزل پر ہے کہ تمام حمد و ثنا صرف اسی کے شایان شان ہے۔

رَبِّ الْعَالَمِیْن سے عبادت کا دوسرا عامل ''احتیاج'' سمجھ میں آتا ہے۔ یعنی خدا ساری کائنات کا مالک، مربی اور پالنہار ہے باقی سب اس کی تربیت کے محتاج ہیں۔

الرَّحْمٰنِ الرَّحِيْمِ سے تیسرا عامل ''احسان'' آشکار ہوتا ہے۔ یعنی خدا کا احسان عام ہے اور ہر چیز کو شامل ہے۔

مَالِكِ يَوْمِ الدِّيْنِ کے ضمن میں چوتھا عامل ''خوف'' بیان کیا گیا ہے۔ یعنی قیامت کا یقین اللہ کے عدل سے خوف کا باعث بنتا ہے ورنہ ذاتِ الٰہی سے خوف کا کوئی معنی نہیں۔ وہ تو رحیم و غفور ہے۔ بنا بریں ہر اعتبار سے عبادت صرف اسی کی ہو سکتی ہے:

وَ قَضٰى رَبُّكَ اَلَّا تَعْبُدُوْا اِلَّآ اِيَّاهُ۔ [60]

اور آپ کے پروردگار نے فیصلہ کر دیا ہے کہ تم اس کے سوا کسی کی بندگی نہ کرو۔

عبادت کی تعریف

عبادت کی تعریف اور مفہوم کے بارے میں کچھ لوگوں کو غلط فہمی ہے اور عبادت کی یہ تعریف کرتے ہیں۔

کسی کے تقرب اور اس کی شفاعت کے حصول کے لیے قلبی تعلق قائم کرنا [61]

اس تعریف میں قلبی تعلق اور تعظیم کو عبادت قرار دیا گیا ہے اور اس غلط تعریف کی بنیاد پر یہ لوگ اکثر مسلمانوں کو مشرک قرار دیتے ہیں ، جب کہ قرآن میں غیر خدا سے قلبی تعلق اور تعظیم کرنے کی ترغیب موجود ہے :

وَ مَنْ یُّعَظِّمْ شَعَآئِرَ اللّٰهِ فَاِنَّهَا مِنْ تَقْوَى الْقُلُوْبِ۔ [62]

جو شعائر اللہ کا احترام کرتا ہے تو یہ دلوں کا تقویٰ ہے ۔

والدین کے بارے میں فرمایا :

وَ اخْفِضْ لَهُمَا جَنَاحَ الذُّلِّ مِنَ الرَّحْمَةِ۔ [63]

اور مہر و محبت کے ساتھ ان (والدین) کے آگے انکساری کا پہلو جھکائے رکھو۔

عبادت کی صحیح تعریف قرآنی شواہد کی روشنی میں اس طرح ہے :

کسی کو خالق یا رب تسلیم کر کے اس کی تعظیم کرنا۔

خود لفظ "عبادت" سے اس کی تعریف نکل آتی ہے : چنانچہ عبد مملوک کو کہتے ہیں۔ العین میں آیا ہے : العبد المملوک۔ اور مملوک اسے کہتے ہیں جس کا کوئی مالک ہو۔

چنانچہ رَب مالک کو کہتے ہیں۔ العین میں آیا ہے :

و من ملک شیئا فھو ربّہ ، لا یقال بغیر الاضافۃ الا لله عز و جل۔

جو کوئی کسی چیز کا مالک بنتا ہے وہ اس کا رَب کہلائے گا اور بغیر اضافہ کے مطلق رب صرف اللہ تعالیٰ کو کہا جاتا ہے۔

لہذا عبادت رب کی ہوتی ہے، اگر کوئی رب نہیں ہے تو کوئی اس کا عبد بھی نہیں ہو گا اور جب عبد نہیں ہے تو عبادت بھی نہیں ہوگی۔ اس مطلب کو اس آیت میں بیان فرمایا ہے:

اِنَّ اللّٰهَ رَبِّيْ وَ رَبُّكُمْ فَاعْبُدُوْهُ هٰذَا صِرَاطٌ مُّسْتَقِيْمٌ[64]

اللہ میرا رب اور تمھارا بھی رب ہے، پس تم اس کی عبادت کرو، یہی سیدھا راستہ ہے۔

مزید تحقیق کے لیے ملاحظہ ہو سورۃ مریم آیت ۶۵، سورۃ حج آیت ۷۷، سورۃ انبیاء آیت ۹۲۔ ان آیات میں فرمایا ہے کہ چونکہ اللہ ہی تمھارا رَب ہے لہذا تم اسی کی عبادت کرو۔ ان سب آیات سے صاف ظاہر ہوتا ہے کہ عبادت رَب کی ہوتی ہے۔

چنانچہ بت پرست اپنے بتوں کو رب مانتے تھے پھر ان کی پرستش کرتے تھے، اس لیے مشرک قرار پائے۔ اسی طرح کسی کو اپنا خالق تسلیم کر کے اس کی تعظیم کرنا بھی عبادت ہے۔ چنانچہ اللہ تعالیٰ کا ارشاد ہے:

ذٰلِكُمُ اللّٰهُ رَبُّكُمْ ج لَآ اِلٰهَ اِلَّا هُوَ ج خَالِقُ كُلِّ شَيْءٍ فَاعْبُدُوْهُ[65]

یہی اللہ تمھارا رب ہے ، اس کے سوا کوئی معبود نہیں ، وہ ہر چیز کا خالق ہے ، لہذا اس کی عبادت کرو۔

وَ اِیَّاکَ نَسْتَعِیْن چونکہ کائنات کا مالک وہی ہے اور ہر چیز پر اسی کی حاکمیت ہے :

لَہٗ مَقَالِیْدُ السَّمٰوٰتِ وَ الْأَرْضِ.[66]

آسمانوں اور زمین کی کنجیاں اسی کی ملکیت ہیں ۔

لہذا جب مومن طاقت کے اصل سرچشمے سے وابستہ ہوتا ہے تو تمام دیگر طاقتوں سے بے نیاز ہو جاتا ہے اور کسی دوسری طاقت سے مدد لینے کی ضرورت ہی محسوس نہیں کرتا۔

غیر اللہ سے استمداد کا مطلب یہ ہوگا کہ سلسلہ استمداد اللہ تعالیٰ پر منتہی نہ ہو اور اس غیر اللہ کو اذن خدا بھی حاصل نہ ہو۔ لیکن اگر یہ سلسلہ اللہ تعالیٰ پر منتہی ہوتا ہو تو یہ اللہ سے براہ راست استمداد کے منافی نہیں ۔ کیونکہ مخلوقات جس طرح اپنے وجود میں خالق حقیقی سے مستغنی اور بے نیاز نہیں ، اسی طرح اپنے افعال میں بھی مستقل نہیں ہیں ۔ ان کا ہر عمل فیض الٰہی کا کرشمہ ہوتا ہے ۔ بنابریں اگر خدا نے اپنے خاص بندوں کو وسیلہ بننے کی اجازت دے رکھی ہے تو ان سے استمداد در حقیقت خدا سے استمداد ہے ۔ چنانچہ ارشاد باری تعالیٰ ہے :

وَ لَوْ اَنَّهُمْ اِذْ ظَّلَمُوْٓا اَنْفُسَهُمْ جَآءُ وْكَفَاسْتَغْفَرُوا اللہَ وَ اسْتَغْفَرَ لَهُمُ الرَّسُوْلُ لَوَجَدُ وا اللہَ تَوَّاباً رَّحِيْمًا. [67]

اور جب یہ لوگ اپنے آپ پر ظلم کر بیٹھے تھے تو اگر آپ کی خدمت میں حاضر ہو کر اللہ سے معافی مانگتے اور رسول بھی ان کے لیے مغفرت کی دعا کرتے تو وہ اللہ کو توبہ قبول کرنے والا، رحم کرنے والا پاتے۔

یعنی اللہ سے طلب مغفرت کے لیے رسول ﷺ کے دربار میں حاضر ہو کر انہیں وسیلہ بنانا (جاؤک) اور وسیلہ بن کر رسول کا ﷺ ان کے لیے استغفار کرنا ہمارے مدعا کے ثبوت کے لیے کافی ہے۔

نیز فرمایا :

وَ لَوْ اَنَّهُمْ رَضُوْا مَآ اٰتٰهُمُ اللہُ وَ رَسُوْلُہٗ وَ قَالُوْا حَسْبُنَا اللہُ سَيُؤْتِيْنَا اللہُ مِنْ فَضْلِہٖ وَ رَسُوْلُہٗ ۔ [68]

اور کیا ہی اچھا ہو تا کہ اللہ اور اس کے رسول نے جو کچھ انہیں دیا ہے اگر وہ اس پر راضی ہو جاتے اور کہتے : ہمارے لیے اللہ کافی ہے، عنقریب اللہ اپنے فضل سے ہمیں بہت کچھ دے گا اور اس کا رسول بھی۔

نیز فرمایا :

وَ مَا نَقَمُوْا اِلَّا اَنْ اَغْنٰهُمُ اللہُ وَ رَسُوْلُہٗ مِنْ فَضْلِہٖ۔ [69]

اور انہیں صرف اس بات پر غصہ ہے کہ اللہ اور اس کے رسول نے اپنے فضل سے ان (مسلمانوں) کو دولت سے مالامال کر دیا ہے ۔

"بہت کچھ عنایت کرنے" اور "دولت سے مالامال کرنے" میں اللہ تعالیٰ کے ساتھ رسول اللہ صلی اللہ علیہ وآلہ وسلم کا ذکر اس بات کا واضح ثبوت ہے کہ اللہ کے ساتھ اس کے رسول ﷺ کا اس طرح ذکر کرنا کہ "اللہ اور رسول ﷺ نے بہت کچھ دیا ہے" اور "اللہ اور رسول ﷺ نے دولت سے مالامال کر دیا"، شرک نہیں ہے، کیونکہ یہ عطا و بخشش اللہ تعالیٰ سے ہٹ کر نہیں ہے کہ شرک کے زمرے میں چلی جائے بلکہ یہ تو مِنْ فَضْلِہٖ کے ذیل میں آتی ہے ۔

لہذا قرآنی تصریحات کے مطابق جب یہ کہنا درست ثابت ہو گیا کہ "اللہ اور اس کے رسول ﷺ نے دولت سے مالامال کر دیا" تو یہ کہنا بھی بے جا نہ ہو گا کہ "اے رسول خدا ﷺ! ہمیں دولت سے مالامال فرما دیں۔"

لہذا جس طرح اللہ تعالیٰ سے حصولِ فیض میں وسائل اور وسائط کارفرما ہوتے ہیں، اسی طرح اللہ سے طلبِ فیض کے لیے بھی اس کے مجاز وسائل اور واسطوں کا ہونا ثابت ہے ۔

یہاں ایک سوال یہ پیدا ہوتا ہے کہ جب مخلوق سے مدد طلب کرنا شرعاً جائز ہے جیسا کہ قرآن نے فرمایا ہے :فَاَعِيْنُوْنِىْ بِقُوَّةٍ [70] تم طاقت کے ساتھ میری مدد کرو، نیز فرمایا :وَ تَعَاوَنُوْا عَلَى الْبِرِّ وَ التَّقْوٰى [71] نیکی اور تقویٰ میں ایک دوسرے کی مدد کرو، تو صرف اللہ سے مدد مانگنے کا مطلب کیا ہوا؟

اس کا ایک جواب یہ دیا گیا ہے کہ مدد سے مراد توفیق ہے اور توفیق کسی فعل کے انجام دینے کے لیے تمام اسباب کی فراہمی کو کہتے ہیں اور صرف اللہ تمام اسباب فراہم کر سکتا ہے ۔ اس لیے ہر مدد کو توفیق نہیں کہتے ، بلکہ ہر توفیق مدد ہے ۔ دوسرا جواب یہ دیا گیا ہے کہ مدد سے مراد بدنی طاقت ہے جو صرف اللہ سے حاصل ہوتی ہے ۔ تیسرا جواب یہ دیا گیا ہے کہ جو مدد غیر خدا سے لی جاتی ہے وہ درحقیقت اللہ سے ہے ، چونکہ وہ اللہ کی مخلوق ہے اور اس نے جو کچھ مدد دی ہے وہ اللہ کی طرف سے ہے ۔ چوتھا جواب یہ دیا گیا ہے کہ مدد دینے والا خود اپنے ذات ، اپنے وجود، اپنے افعال میں اللہ کا محتاج ہے ،لَا حَول وَ لَا قُوة اِلاَّ بِاللہ کا یہی مفہوم ہے ، لہٰذا اس سے مدد لینا خود اللہ سے مدد ہے ۔

اہم نکات

۱۔ جس کی بندگی کی جاتی ہے، مدد بھی اسی سے طلب کی جاتی ہے۔ (نَعْبُدُ۔ نَسْتَعِین)

۲۔ استعانت الٰہی کے بغیر عبادت بھی ممکن نہیں ہے۔

۳۔ عبادت اور استعانت کا حقیقی محور صرف ایک ہی کامل ذات ہے۔

۴۔ حرفِ خطاب "کَ" سے یہ ظاہر ہوتا ہے کہ عبادت و استعانت کے وقت بندہ خود کو بارگاہِ خدا میں حاضر دیکھے۔

۵۔ نَعْبُدُ سے اجتماعی عبادت کا تصور ملتا ہے۔

۶۔ نَسْتَعِین سے پہلے نَعْبُدُ کے ذکر سے یہ ظاہر ہوتا ہے کہ بندے کو استعانت سے پہلے عبودیت کی منزل پر فائز ہونا چاہیے۔

۶۔ استعانت دلیلِ احتیاج ہے۔

6 اهْدِنَا الصِّرَاطَ الْمُسْتَقِيمَ

۶۔ ہمیں سیدھے راستے کی ہدایت فرما

تشریح کلمات

ہدایت : (ھ د ی) مہر و محبت سے رہنمائی کرنا۔ اسی لیے بلا معاوضہ اور خلوص و محبت سے دیا جانے والا تحفہ ہدیہ کہلاتا ہے۔

صراط : (ص ر ط) اس کا لغوی معنی ''نگلنا'' ہے۔ صحیح راہ پر چلنے والا منزل مقصود تک پہنچنے کے بعد اس کا حصہ بن جاتا ہے۔ یہ راستہ قوت جاذبہ و ہاضمہ کی طرح سالکین کو اپنی طرف جذب کر کے انہیں اپنا جزو بنا لیتا ہے۔ اسی لیے صحیح راستے کو صراط کہا گیا ہے۔

تفسیر آیات

اللہ تعالیٰ کی حمد و ثنا، اس کی ربوبیت اور روز جزاء کے اعتراف اور عبادت و استعانت کا صحیح تصور قائم کرنے کے بعد انسان کو جس چیز کی سب سے زیادہ ضرورت ہوتی ہے ، وہ ہدایت و رہنمائی ہے ۔ کیونکہ انسان عبث نہیں ، بلکہ ایک اعلیٰ و ارفع ہدف کے لیے خلق ہوا ہے ۔ اب خالق پر لازم ہے کہ اس اعلیٰ ہدف کی طرف اس کی رہنمائی بھی کرے ۔ بنا برایں خالق کائنات نے خلقت سے پہلے ہدایت کا انتظام فرمایا :

لَوْ لَاکَ لَمَاْ خَلَقْتُ الْاَفْلَاکَ [72]

اے محمد صلی اللہ علیہ وآلہ وسلم ! اے پیکر ہدایت !اگر میں نے انسانوں کی رہنمائی و ہدایت کے لیے تجھے نہ چنا ہوتا تو میں افلاک کو پیدا ہی نہ کرتا ۔

صراط سے بھی حرکت اور روانی کا تصور قائم ہو جاتا ہے ۔ یعنی مومن قدم بہ قدم منزل کی طرف بڑھ رہا ہے :

یٰۤاَیُّهَا الْاِنْسَانُ اِنَّکَ کَادِحٌ اِلٰی رَبِّکَ کَدْحًا فَمُلٰقِیْهِ.[73]

اے انسان ! تو مشقت اٹھا کر یقیناً اپنے رب کی طرف جانے والا ہے پھر اس سے ملنے والا ہے ۔

مستقیم سے اس راہ میں پیش آنے والی مشکلات کا اندازہ ہوتا ہے کہ راستہ کٹھن اور دشوار گزار ہے، کیونکہ ''صراط مستقیم'' کے مقابلے میں ''صراط منحرف'' ہے جس سے بچنے کے لیے ہدایت، راہنمائی اور جہد مسلسل کی ضرورت ہوتی ہے۔ چنانچہ اگلی آیت سے یہ بات واضح ہوگی کہ مغضوب علیہم اور ضالین کے راستوں سے بچ کر صراط مستقیم کی تلاش اور پھر اس کی حفاظت اور اس پر پابند رہنا کوئی آسان کام نہیں۔

اَوَّلُ مٰا خَلَقَ اللّٰهُ نُوری۔ [74] اس کائنات میں اللہ نے سب سے پہلے نور محمدی ﷺ کو خلق فرمایا تاکہ راہ ارتقا کے متلاشی اس نور کی روشنی میں اپنا راستہ تلاش کر سکیں۔

اعتراض: ہدایت کی طلب اور خواہش سے تو گمان ہوتا ہے کہ بندہ ابھی ہدایت یافتہ نہیں ہوا۔

جواب: اللہ تعالیٰ کی ذات سرچشمۂ فیض ہے۔ اس کی عنایات غیر منقطع ہوتی ہیں:

عَطَآءً غَيْرَ مَجْذُوْذٍ[75]

وہاں منقطع نہ ہونے والی بخشش ہوگی

اور اللہ کی جانب سے فیض کا سلسلہ ہمیشہ جاری رہتا ہے جو کبھی منقطع نہیں ہوتا: لَا اِنْقِطَاعَفِی الفَیْضِ۔ دوسری طرف سے بندہ سراپا محتاج ہے۔ وہ ایک لمحے کے لیے

بھی سرچشمۂ فیض سے بے نیاز نہیں رہ سکتا۔ ہدایت، رہنمائی اور توفیق اس کے فیوضات ہیں، جو ہمیشہ جاری و ساری رہتے ہیں اور بندہ ہر آن ہر جن کا محتاج ہے۔ ہدایت ایسی چیز نہیں جو خدا کی طرف سے اگر ایک بار مل جائے تو پھر بندہ بے نیاز ہو جاتا ہے، بلکہ وہ ہر آن، ہر لمحہ ہدایت الٰہی کا محتاج رہتا ہے۔

بندے کا ہر آن ہر لمحہ اللہ کی رحمت و ہدایت کا محتاج ہونا اس دعائیہ جملے سے واضح ہو جاتا ہے۔ جس کا ذکر رسول اللہ صلی اللہ علیہ و آلہ و سلم اور ائمہ اہل بیت علیہم السلام اپنی دعاؤں میں نہایت اہتمام کے ساتھ کیا کرتے تھے۔

رَبِّ لَا تَكِلْنِیْ اِلٰی نَفْسِیْ طَرْفَةَ عَیْنٍ اَبَدًا۔ [76]

میرے مالک! مجھے کبھی بھی چشم زدن کے لیے اپنے حال پر نہ چھوڑ۔
بھلا جس سے اللہ نے ہاتھ اٹھایا ہو اسے کون ہدایت دے سکتا ہے :

فَمَنْ يَّهْدِيْهِ مِنْ بَعْدِ اللهِ اَفَلَا تَذَكَّرُوْنَ۔ [77]

یعنی پس اللہ کے بعد اب اسے کون ہدایت دے گا؟ کیا تم نصیحت حاصل نہیں کرتے؟
روایت ہے کہ حضرت علی علیہ السلام اسی آیت کی تفسیر میں ارشاد فرماتے ہیں :

اَدِمْ لَنَا تَوْفِیْقَکَ الَّذِی بِہِ اَطَعْنَا کَفِیْ مَاضِیْ اَیَّامِنَا حَتّٰی نُطِیْعَکَ کَذَلِکَ فِی مُسْتَقْبِلِ اَعْمَارِنَا [78]

خداوندا ! اپنی عطا کردہ توفیق کو برقرار رکھ، جس کی بدولت ہم نے ماضی میں تیری اطاعت کی ہے، تاکہ ہم آئندہ بھی تیری اطاعت کرتے رہیں۔

دوسرا جواب یہ دیا گیا ہے کہ ہدایت کے درجات ہوتے ہیں اور ہر درجے پر فائز مسلمان بالاتر درجۂ ہدایت کے لیے دعا کرسکتا ہے، جیسا کہ ارشاد ہے :

وَ الَّذِيْنَ اهْتَدَوْا زَادَهُمْ هُدًى وَّ اٰتٰهُمْ تَقْوٰىهُمْ [79]

جن لوگوں نے ہدایت حاصل کی اللہ نے ان کی ہدایت میں اضافہ فرمایا اور انہیں ان کا تقویٰ عطا کیا۔

اہم نکات

۱۔ بندے کو اللہ تعالیٰ کی مدد کی سب سے زیادہ ضرورت، ہدایت کے مسئلے میں ہوتی ہے۔

۲۔ مومن کا تصورحیات، راہ مستقیم کی رہنمائی کے لیے دعا کرنے سے ہی متعین ہوتا ہے۔

۳۔ مومن انسان اپنی زندگی کی ایک منزل مقصود رکھتا ہے. جس تک پہنچنے کے لیے ہدایت اور رہنمائی ضروری ہے۔

۴۔ انسان مومن، متحرک اور رواں دواں ہوتا ہے، اس لیے اسے ہر آن رہنمائی کی ضرورت ہوتی ہے، کیونکہ اگر انسان جمود و سکوت کی حالت میں ہو تو اس کے لیے کسی رہنمائی کی ضرورت پیش ہی نہیں آتی۔

7 صِرَاطَ الَّذِينَ أَنْعَمْتَ عَلَيْهِمْ غَيْرِ الْمَغْضُوبِ عَلَيْهِمْ وَلَا الضَّالِّينَ.

۷۔ ان لوگوں کے راستے کی جن پر تو نے انعام فرمایا، جن پر نہ تیرا غضب ہوا اور نہ وہ گمراہ ہوئے۔

تشریح کلمات

مغضوب : (غ ض ب) خون قلب کا جوش مارنا۔ ارادۂ انتقام۔ غضبِ الٰہی سے مراد صرف انتقام ہے۔

ضالین : (ض ل ل) ضلال، ہدایت کی ضد ہے۔ یعنی سیدھے راستے سے ہٹنا۔ ضال اسم فاعل ہے جس کی جمع ضالین ہے۔

تفسیر آیات

اس آیہ شریفہ میں اسوہ کا ذکر ہے ، جسے نمونہ عمل بنانا ہے اور دو انحرافی راستوں کا ذکر بھی ہے ، جن سے برات اختیار کرنا ہے ۔

گویا تولیٰ اور تبریٰ کے بغیر کوئی نظریہ قائم نہیں ہو سکتا اور نہ ہی جاذبہ و دافعہ کے بغیر کوئی نظام برقرار رہ سکتا ہے ۔ لہذا ہدایت و نجات کے لیے منعم علیھم ''جن پر خدا کی نعمتیں نازل ہوئیں '' سے محبت اور مغضوب علیھم اور ضالین سے نفرت ضروری ہے ۔ جن سے محبت کرنا اور اسوہ بنانا مقصود ہے ، وہ انبیاء، صدیقین، شہداء اور صالحین ہیں اور یہی معیار اطاعت ہیں ۔

چنانچہ ارشاد الٰہی ہے :

وَ مَنْ یُّطِعِ اللہَ وَ الرَّسُوْلَ فَاُولٰٓئِکَ مَعَ الَّذِیْنَ اَنْعَمَ اللہُ عَلَیْہِمْ مِّنَ النَّبِیّٖنَ وَ الصِّدِّیْقِیْنَ وَ الشُّہَدَآءِ وَ الصّٰلِحِیْنَ وَ حَسُنَ اُولٰٓئِکَ رَفِیْقًا [80]

اور جو اللہ اور رسول کی اطاعت کرے وہ ان انبیاء، صدیقین، شہداء اور صالحین کے ساتھ ہوگا جن پر اللہ نے انعام کیا ہے اور یہ لوگ کیا ہی اچھے رفیق ہیں ۔

مغضوب علیھم سے نفرت اور برات اختیار کرنے کے بارے میں ارشاد ہوا ہے :

یٰٓاَیُّہَا الَّذِیْنَ اٰمَنُوْا لَا تَتَوَلَّوْا قَوْمًا غَضِبَ اللہُ عَلَیْہِمْ [81]

اے ایمان والو! اس قوم سے دوستی نہ رکھو جن پر اللہ غضبناک ہوا ہے ۔

اور ضالین کے بارے میں دوسری جگہ ارشاد فرمایا :

وَ مَنْ يَّقْنَطُ مِنْ رَّحْمَةِ رَبِّهٖ اِلَّا الضَّآلُّوْنَ [82]

اپنے رب کی رحمت سے تو صرف گمراہ لوگ ہی مایوس ہوتے ہیں ۔

واضح رہے کہ غیر کے مجرور ہونے کی ایک صورت تو یہ ہے کہ ہم کا بدل ہے جو عَلَيْهِمْ میں ہے ۔ یعنی غَيْرِ الْمَغْضُوْبِ وہی لوگ ہیں جو اَنْعَمْتَ عَلَيْهِمْ ہیں ۔ دوسری صورت یہ ہے کہ غیر ، اَلَّذِیْنَ کا بدل ہے ۔ تیسری صورت یہ ہے کہ غیر ، اَلَّذِیْنَ کی صفت ہے ۔ [83] تینوں صورتوں میں جو ترجمہ ہم نے اختیار کیا ہے وہی صحیح ہے ۔

اہم نکات

١۔ ہدایت اللہ کی سب سے بڑی نعمت ہے ۔ صِرَاطَ الَّذِیْنَ اَنْعَمْتَ عَلَيْهِمْ ۔

٢۔ اللہ کی نعمت سے محروم لوگ مغضوب یا ضالین (مورد غضب خداوندی یا گمراہ) ہوتے ہیں ۔

٣۔ تولی و تبرٰی ایمان کا اہم حصہ ہیں ۔

۴۔ تولا و تبریٰ سے مراد نیکوں کی روش اپنانا اور برے لوگوں کی پیروی سے اجتناب برتنا ہے۔

(اقتباس از : الکوثر فی تفسیر القرآن (جلد اول) (از ۲۰۹ تا ص ۲۳۲) تالیف : محسن علی نجفی)

حوالہ جات

[1] حجر : ۸۷

[2] البیان للامام الخوئی اردو ترجمہ ص ۴۱۸۔ امالی للصدوق ص ۱۷۵۔ عیون اخبار الرضا ج ۱ ص ۳۰۲۔

[3] الاتقان فی علوم القرآن للسیوطی ۱۳۴ : ۱

[4] حوالہ سابق

[5] حوالہ سابق ۱ : ۱۴۱

[6] ۱۱ ہود : ۴۱

[7] ۲۷ نمل : ۳۰

[8] علق : ۱

[9] حج : ۳۴

[10] اعراف : ۱۸۰

[11] دھر : ۲۵

[12] مصنف عبد الرزاق ۲ : ۹۲۔ کتاب الام للشافعی میں مذکورہ عبارت تھوڑے فرق کے ساتھ موجود ہے ۔

[13] الدر المنثور ۱ : ۲۷۔ تذکرۃ الحفاظ ۹۰۔ تقریب التہذیب ۱ : ۳۶۹

[14] صحیح مسلم کتاب الصلوٰۃ ۱ : ۳۰۰۔ سنن ابی داؤد کتاب الصلوٰۃ ۱ : ۲۰۸ حدیث ۸۴۸۔ سنن بیہقی ۱ : ۴۳

[15] الدر المنثور ۱ : ۲۶

[16] مستدرک الحاکم ۱ : ۲۳۱

[17] سنن الترمذی ۲ : ۴۴

[18] سنن بیہقی ۲ : ۵۰

[19] مستدرک الحاکم ۲ : ۲۳۲

[20] الدر المنثور ۱ : ۸

[21] سنن بیہقی ۲ : ۴۷،(۷) حوالہ سابق

[22] صحیح بخاری باب فضائل القرآن

[23] سنن الدار قطنی ۱ : ۳۰۷۔ اسد الغابہ ۲ : ۲۲ تقریب التہذیب ۲ : ۳۰۳

[24] الدر المنثور ۱ : ۲۸۔ سنن الدار قطنی ۱ : ۳۱۱

[25]حوالہ سابق

[26]حوالہ سابق

[27]حوالہ سابق ۱ :۲۸

[28]حوالہ سابق۔ مستدرک الحاکم ۲۳۳ : ۱

[29]الدرالمنثور ۱ :۲۸

[30]مستدرک الحاکم ۱ :۲۳۴

[31]مریم :۶۵

[32]اعلیٰ : ۱

[33]البیان اردو ترجمہ ص ۴۳۴

[34]اسراء : ۸۲

[35]انبیاء :۱۰۷

[36]انعام :۵۴

[37]البیان :

[38]اعراف :۱۵۶

[39]انعام :۵۴

[40]زخرف : ۸۱

[41]التهذیب باب کیفیۃ الصلوۃ ص ۲۸۹

[42]بحارالانوار۷۵ : ۳۷۱باب ۲۹ خ ۶۱۔ کشف الغمہ ۲ : ۴۳۰۔ التھذیب باب ۱۵ ص ۲۸۹ سَوَادِکی بجائے نَاظِرِ ہے۔

[43]وسائل الشیعۃ ۷ : ۱۷۰۔ لم یبدأکی بجائے لم یذکر ہے۔

[44]آل عمران : ۷۹

[45]مفردات راغب مادہ ''رب''۔ قال النبی صلی اللہ علیہ وآلہ وسلم علیٰ رَبَّانِیَّ ھٰذِہِ الُ امّۃ۔ المناقب ج ۲ ص ۴۵

[46]۲۰ طہ : ۵۰

[47]کشف الغمۃ ج ۲ ص ۱۱۸

[48]الکافی ۲ : ۹۵ باب الشکر۔ بحارالانوار ۶۸ : ۴۰ باب الشکر

[49]انعام : ۱۶۴

[50]بقرہ ۲ : ۲۰۱

[51]آل عمران ۳ : ۸

[52]بقرہ ۲ : ۱۲۹

تحقیق مزید

مجموعہ ورام ۲ : ۱۰۷۔ الکافی ۶ : ۲۲۳۔ الاستبصار ۱ : ۳۱۱

[53] انفطار : ۱۹

[54] المؤمن : ۱۶

[55] اصول الکافی ۲ : ۶۰۲۔ کتاب فضل القرآن

[56] مریم : ۹۳

[57] انعام : ۵۴

[58] فاطر : ۱۵

[59] جاثیہ : ۱۵

[60] اسراء : ۲۳

[61] محمد بن عبدالوہاب۔ کشف الشبہات

[62] حج : ۳۲

[63] بنی اسرائیل ۲۴

[64] آل عمران : ۵۱

[65] انعام : ۱۰۳

[66] زمر : ۶۳

[67] نساء : ۶۴

[68] توبہ : ۵۹

[69] توبہ : ۴

[70] کہف : ۹۵

[71] مائدہ : ۲

[72] تاویل الآیات الظاہرہ ص ۴۳۰

[73] انشقاق : ۶

[74] بحار الانوار ۱ : ۹۷ و ۱۵۱ : ۲۴ ـ عوالی اللآلی ۴ : ۹۹

[75] ہود ۱۱ : ۱۰۸

[76] اصول الکافی ج ۲ ص ۵۸۱

[77] جاثیہ : ۲۳

[78] بحار الانوار ۲۴ : ۹ ـ أیْأدِمْ لنا توفیقک الذی بہ اطعناک تفسیر امام حسن عسکری ؑ ص ۴۴

[79] محمد : ١٧

[80] نساء : ٦٩

[81] ممتحنہ : ١٣

[82] حجر : ٥٦

[83] مجمع البیان، ذیل آیت.

***